AF230546

[Conserve la couverture.]

LA
RÉPUBLIQUE

AVEC

LIBERTÉ. ÉGALITÉ, FRATERNITÉ

ET LES ÉLECTEURS

Il ne suffit pas de dire : je veux !
Il faut aussi montrer que l'on sait vouloir.

Prix : 30 centimes.

ALLÉGORIE DE NOTRE DESSIN

ET SENS DE CETTE BROCHURE

Le Lion populaire, qui personnifie l'ensemble des Électeurs, chargé c
garder lui-même les Tables des lois et l'Urne électorale, s'endort
l'odeur de l'encens et au son des flatteries que lui prodiguent ceux q
vivent de lui. Ces hommes l'entourent et l'accaparent de telle sor
qu'il ne voit pas les vieux partis politiques en train de reconstruir
activement son ancienne prison brisée.

La Vérité vient le tirer brutalement de son sommeil et lui dire :

« Regarde l'avenir que ton indolence te prépare! »

LA RÉPUBLIQUE

AVEC

LIBERTÉ, ÉGALITÉ, FRATERNITÉ

ET LES ÉLECTEURS

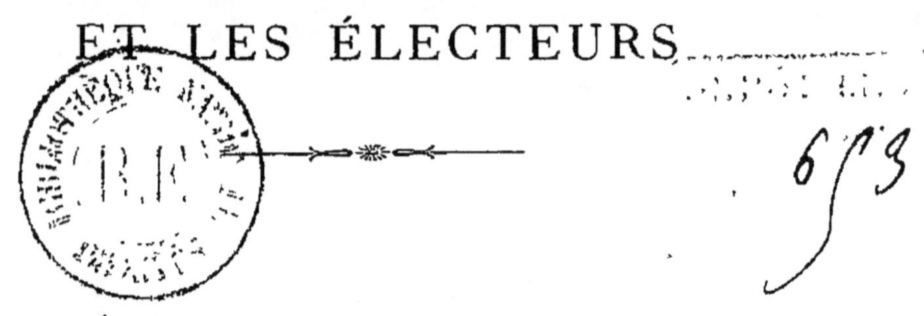

1er septembre 1884.

La France entière vient de renouveler ses conseils municipaux, et, par le résultat de ses élections, il est prouvé une fois de plus que, malgré le peu de chemin que nous avons fait dans l'organisation du gouvernement républicain, la grande majorité du pays s'est exprimée pour cette forme de gouvernement.

Non seulement elle a exprimé ce désir, mais encore les vœux du pays ont été avec ceux qui veulent marcher en avant avec les idées de progrès et il abandonne ceux qui cherchent à conserver l'autorité avec la République.

Cette autorité que l'on veut conserver n'est pas autre chose que la centralisation bureaucratique que les différentes monarchies qui ont suivi la révolution de 1789 ont organisée et qui n'est pas compatible avec le véritable gouvernement républicain. En réalité, c'est elle qui gouverne non seulement le pays, mais même le gouvernement.

Ministres, députés ou électeurs, tous elle les tient dans les filets inextricables de sa routine qui s'appuie sur un immense fouillis de lois, décrets et règlements dont on ne peut la faire sortir. Pour toutes les causes, il y en a pour, et il y en a contre et prêtes à son service pour toutes les occasions.

Lorsque des hommes libéraux cherchent à y porter la main, elle sait se rendre souple, les circonvenir et les entraîner à sa suite en sacrifiant quelques-uns de ses membres et en y plaçant les amis de ces hommes, qui par ce fait, de dangereux qu'ils étaient, deviennent leurs défenseurs; obligés qu'ils sont de prendre les intérêts de ceux qu'ils y ont casés.

Rappelez-vous ce qui est arrivé au 4 septembre : l'Empire disparaît, quelques représentants prennent en main les rênes du gouvernement. Que fait l'administration impériale ? Tous les chefs des différents ministères arrivent faire leur soumission aux nouveaux hommes du pouvoir, avant même que le pays ait pu le leur confirmer, et ils leur disent :

« Nous sommes les serviteurs de la France et nous ne connaissons que la loi ; ce n'est pas l'Empire que nous servions, c'est notre pays. L'Empire s'est rendu odieux (ils se gardent de dire que c'est avec leur concours), et le pays l'a chassé et a choisi la forme républicaine qui est notre nouvelle loi. Nous la défendrons avec tout le dévouement que nous avons toujours montré à notre patrie. » (Sous-entendu : « et le désir que nous avons de conserver nos places ».)

Nos hommes politiques qui n'avaient aucune force organisée sur laquelle ils pussent s'appuyer, acceptèrent ces dévouements, qui auraient cependant dû leur paraître suspects. Les bureaux des différents ministres leur donnèrent la liste des membres sacrifiés ou trop compromis et leur demandèrent de les remplacer par de fervents républicains.

Il fallait un réel courage et un dévouement sans bornes pour accepter une tâche comme celle qui était échue aux hommes du 4 septembre ; car avec toute l'intelligence et toute l'activité dont ces hommes étaient capables, il était presque certain que l'on ne pouvait remplir une pareille œuvre, où tout était détruit, où rien n'était resté debout et où il fallait parer à tout avec énergie et promptitude.

Il n'y a donc rien que de bien compréhensible à ce que ces hommes, peut-être malgré leur répugnance, aient accepté le concours de l'administration. Leurs amis politiques ou se disant tels, les électeurs qui s'étaient le plus montrés à eux dans leurs rapports avec ceux qui les avaient élus, loin de les aider, les accablèrent de sollicitations, demandèrent à prendre la place des compromis de cette administration. Cette foule les empêchait souvent de voir le pays, qui restait en dehors de ses compétitions et attendait avec calme le moment où ils auraient besoin de lui. Aussi, entre ces hommes ayant une organisation forte qu'ils leur offraient avec un désintéressement un peu simulé et ses partisans âpres à la curée, dont leur patriotisme souffrait cruellement et qu'ils ont un peu trop confondus avec la masse des électeurs sur lesquels ils auraient dû fonder leur édifice, leur choix est tombé sur l'administration : c'est là la naissance de ce que nous appelons l'opportunisme.

Depuis cette époque, la décentralisation gouvernementale, qui est l'essence même de la République, a été non seulement abandonnée, mais l'administration a été constamment renforcée, et cela à un tel point qu'en tenant compte du surcroît causé par l'augmentation nécessaire du budget de l'instruction publique et de l'augmentation de l'intérêt annuel par l'accroissement de la dette publique causée par la guerre de 1870, le budget actuel dépasse de beaucoup celui de l'Empire.

Liste civile, dotations, cumuls, etc., sont depuis longtemps dépassés par les républicains qu'il a fallu adjoindre à l'administration impériale pour le plus grand bien de la centralisation et la sécurité des bureaucrates.

N'avons-nous pas entendu déclarer par M. Viette à la tribune de la Chambre des députés :

« Qui de nous oserait faire la liste homérique des nouveaux emplois publics que nous avons créés depuis la guerre ? »

Aussi quel serait le député ou le sénateur assez osé pour toucher à l'administration dans laquelle chacun a fait rentrer quelques-uns de ses amis ou de ses partisans, quand cela n'est pas simplement ses parents ?

Et cependant croyez bien, électeurs, que cette administration, qui, nécessairement, a besoin que le pouvoir soit aussi centralisé qu'elle-même pour avoir sa raison d'existence, ne vivra jamais d'accord avec le suffrage universel.

Pour elle, les électeurs sont des mineurs trop ignorants pour savoir ce qu'ils veulent ; il faut éviter de les laisser aller à la suite de turbulents, par conséquent il faut ôter l'influence aux électeurs qui voudraient la prendre directement et la confier à des hommes choisis par elle, soit dans la presse soit dans les positions les plus en vue.

Vous voyez que c'est la candidature officielle et que doucement, mais sûrement, le pouvoir central a amené les opposants de 1869 à pratiquer aujourd'hui ce qu'ils combattaient jadis.

« Les républicains qui ont combattu avec énergie et talent l'Empire sont aujourd'hui des hommes de gouvernement, et comme tels doivent abandonner toutes ces utopies de liberté, d'égalité et de fraternité incompatibles avec les intérêts graves qu'ils ont mission de défendre. Cependant, ils ne sont pas ennemis de sages réformes, à la condition qu'elles viennent en temps opportun. »

Voilà ce que l'exercice du pouvoir a fait des hommes dont les chefs disaient aux électeurs en 1869 :

« Je suis du peuple au peuple et serai toujours au peuple. Je veux le gouvernement de tous par tous et de chacun par soi-même. Étudions la liberté, car la liberté mal comprise serait une parodie qui ferait du peuple une dupe.

« L'émancipation progressiste sortie des flancs de 89 a été arrêtée deux fois : le 18 brumaire, par l'épée ! en 1830, par la peur ! Une démocratie qui revendiquerait l'égalité sociale et qui n'aurait pas les mœurs à la hauteur de sa revendication, serait indigne.

« Nous avons l'apparence de la démocratie, il nous appartient d'en faire une réalité.

« GAMBETTA. »

(Réunion électorale du 10 mai 1869)

« On vous parle d'indépendance et de liberté l Répondez que sous le patronage de l'administration on ne saurait être ni libéral ni indépendant.

« On vous parle de droit de Paris !

« Répondez que l'on n'a pas le droit de porter le drapeau municipal quand on a siégé sur les bancs de cette commission administrative, servile instrument de la dictature préfectorale, premier auteur des souffrances qui pèsent sur ce quartier.

« On vous parle des intérêts populaires !

« Répondez que le programme démocratique seul peut servir les intérêts du plus grand nombre.

« JULES FERRY. »

(Extrait de sa circulaire aux électeurs de la 6mo circonscription de Paris du 30 mai 1869.

Eh bien, la grande majorité des républicains est restée fidèle à ses principes et à ses idées, et si l'entourage des chefs a aujourd'hui changé d'idée, c'est que leurs intérêts personnels ont reçu satisfaction; et leurs bienfaiteurs peuvent compter que si quelqu'un s'avisait de toucher à leur position acquise, cela serait-il même eux, — que ces nobles partisans, pour la plus grande majorité, abandonneraient ces traîtres et n'écouteraient que leur dévouement à la patrie (et garderaient leurs places).

La pensée des véritables républicains est que, au contraire, nos élus ne doivent se servir de l'ancienne administration centralisatrice que comme d'un abri provisoire et en attendant qu'ils aient pu organiser le véritable gouvernement républicain, entièrement mis dans la main des électeurs, et dont eux sont les fondés de pouvoir.

Elle ne doit leur servir que de pont pour franchir doucement, mais sûrement, l'abîme qui sépare la république de la monarchie, et être détruite au fur et à mesure que le nouveau régime fonctionnera, afin d'éviter tout retour en arrière.

Les hommes qui occupent des places dans l'administration jouiront de leur retraite quand leur poste deviendra inutile, ou rempliront les vides dans les bureaux encore en fonction, et cette évolution se fera ainsi sans toucher à aucune position acquise.

Au lieu de cela nous venons de voir nos mandataires se réunir en congrès et faire semblant de reviser une constitution, afin de pouvoir se présenter de nouveau devant nous dans quelques mois, en disant : J'ai fait ce que vous m'avez demandé.

Nous voyons la majorité des députés se préparer à voter le scrutin de liste, afin d'assurer leur réélection au moyen de la confusion du suffrage universel et avec le concours de l'administration. Leur conscience les rassure moins sur la satisfaction donnée au pays que sur la puissance d'une administration dévouée, qui a déjà fait ses preuves dans d'autres temps, il est vrai que cela n'était pas au profit des républicains. Et pour nous confirmer dans notre idée, nous ne pouvons mieux faire que de citer l'article paru dans un journal, qui n'est certes pas hostile au gouvernement :

Voici ce que dit le *National* du 3 août :

« Nous ne pouvons pas nous reprocher d'avoir marchandé la vérité à nos législateurs dans l'affaire de la revision. Nous avons dit qu'elle était inutile, et ceux qui la voulaient faire prouvent que nous avions raison, puisqu'ils la font exiguë. Nous avons dit qu'elle était dangereuse, et les réductions consenties par le ministère montrent qu'il a eu peur : on n'est pas si coulant quand on n'est pas inquiet. D'ailleurs il appartient à l'avenir de nous apprendre ce que vaudra l'œuvre de l'Assemblée nationale qui va tenir à Versailles ses courtes et insignifiantes assises. Nous verrons si cette

petite réparation produit dans l'édifice constitution-
nel un grand ébranlement.

« Quoi qu'il en soit, la revision va se faire, et les
difficultés qu'il a fallu vaincre ont été moins grandes
que nous ne le pensions. C'est que nous avions le tort
de donner trop d'attention aux choses, et d'en accorder trop peu aux personnes. Nous examinions les pro-
jets mis en avant, les arguments échangés, pendant
que nos représentants se livraient à un simple calcul
d'intérêts électoraux. La question que se posait chaque
député n'était pas : « Que dois-je faire pour que la
« République soit prospère et durable ? » mais : « Que
« dois-je faire pour être réélu? » C'est en se plaçant
à ce point de vue que la majorité de la Chambre a
résolu d'aller au Congrès à tout prix, et de payer en
monnaie de médiocre aloi le billet qu'elle a souscrit
en août 1881. Elle a jugé qu'il valait mieux transfor-
mer la revision en vaudeville que de compromettre
l'existence de plus en plus précieuse du ministère.

« Nous ne nous en plaindrons pas, car le cabinet
Ferry est à tout prendre le meilleur ou le moins mau-
vais de ceux que cette Chambre peut tirer de son sein
peu fécond. Il a ses mérites, auxquels nous sommes
heureux de rendre hommage, et ses défauts, qu'on ne
nous accusera pas de voiler complaisamment. Des
cabinets qu'une crise ferait surgir nous n'apercevons
guère que les défauts.

« Ce n'est peut-être pas à ce point de vue que la majorité juge et apprécie le ministère. Car elle s'est montrée dans d'autres circonstances peu soucieuse des conséquences de ses actes. Elle fut jadis quinteuse et fantasque, et rien ne prouve que ce soit par vertu qu'elle se range. Quelques votes récents donnent lieu de croire qu'elle pense surtout aux élections déjà prochaines, et qu'elle compte sur le cabinet actuel pour en simplifier les difficultés. Les préfets sont disciplinés et actifs, et rien ne s'oppose à ce que la candidature officielle soit organisée d'une façon assez solide. Un autre ministère ne pratiquerait sans doute pas une plus farouche abstention, mais il posséderait moins de force et soutiendrait d'autres amis.

« Ainsi se forment et se consolident, entre le ministère et la majorité, des liens qui deviennent de jour en jour plus difficiles à rompre. Ce n'est pas seulement la communauté des vues et des principes, le souvenir des luttes soutenues ensemble, qui en font la force ; c'est surtout la pensée des luttes à venir. Une crise ministérielle nuirait aux affaires ; elle ferait pis : elle déconcerterait les plans de réélection des députés ; elle rendrait inutiles leurs travaux, leurs efforts, leurs sacrifices même ; car la plupart d'entre eux ont fait des sacrifices, dont ils craindraient de perdre le profit.

« C'est ainsi que des motifs qui n'ont rien d'héroïque inspirent une conduite relativement sage, et que la majorité devient constante par intérêt. Encore une fois, il ne faut pas s'en plaindre ; il faut seulement souhaiter que la sincérité des élections futures ne soit pas trop altérée par l'union intime et efficace du ministère et des députés qui le soutiennent à charge de revanche. »

La République est surtout le gouvernement impersonnel et il y a peu à s'y préoccuper des hommes plus ou moins haut placés dans son organisation, puisque la volonté du pays devrait toujours dominer la leur. Mais le danger est de laisser, sous l'étiquette de la République, les hommes, à n'importe quelle nuance d'opinion qu'ils appartiennent, s'emparer de la direction du pays et y régner selon leur volonté et comme cela se faisait sous toutes les monarchies.

Nous voulons croire que des hommes comme M. Jules Ferry, dont nous avons entendu tant et de si chaleureux discours en faveur du gouvernement républicain, qui a tant fait pour l'instruction populaire, se trouvent aujourd'hui aux prises avec des difficultés, que leur cause uniquement cette obligation, où se sont trouvés les hommes du 4 septembre, à chercher un appui momentané dans l'administration monarchique qui aujourd'hui les submerge et les domine.

La Constituante de 1789 était surtout imbue de
.dée de bien faire. L'honnêteté et le désintéressement
at présidé à tous ses actes, et elle a pu se séparer en
: disant, avec raison, qu'elle avait fait son devoir, la
itisfaction la plus grande que des hommes de cœur
uissent se donner.

·Mais, comme tous les honnêtes gens, elle a cru à
nonnêteté des autres. La désillusion a vite suivi sa
ispersion, et alors on a voulu combattre la trahison
yale par l'habileté de sectaires, et de Girondins en
icobins, de Jacobins en Montagnards, on est arrivé à
Empire de Bonaparte.

Nous héritons aujourd'hui des bienfaits de la Con-
ituante de 1789 et de la possibilité de nous régir sui-
int ses principes, sans même avoir le mérite d'avoir
nquis cette faculté, puisque c'est seule la catastrophe
: 1870 qui, en faisant écrouler la vanité impuissante
: l'Empire, nous met notre avenir dans les mains.
ous n'allons tenir aucun compte de l'enseignement
: l'histoire et perdre, pour des querelles de person-
lités, tout le fruit d'une position exceptionnellement
vorable pour laisser après nous à nos enfants une
e de liberté et d'égalité. Réellement, cela serait à
sespérer de la raison et de l'intelligence de notre
ys, dont notre époque marquerait la décadence la
us honteuse dont jamais l'histoire ait fait men-
n.

Aussi notre but est d'échapper à cette honte et de rechercher le moyen de nous l'éviter.

Si nos mandataires se trompent, ou sortent volontairement ou inconsciemment de leur rôle, il incombe surtout à nous, électeurs, de faire notre devoir et de défendre nos droits acquis, et nous nous demandons si c'est bien là ce que nous faisons toujours. Nous avons fait le procès de nos dirigeants, faisons maintenant un peu le nôtre, électeurs.

Il est peut-être bien imprudent, après tout ce que l'on a dit contre la Constitution de 1875, de ne pas lui trouver des défauts tellement grands qu'elle ne puisse nous servir à fonder définitivement la République.

Ceux qui ont aujourd'hui l'âge d'homme mûr ont déjà vu passer sous leurs yeux tant de constitutions définitives qui devaient durer autant que le monde, et la plupart faites contre la liberté, qu'ils ne regardent que le côté pratique de ce pauvre petit travail provisoire fait avec une mauvaise humeur constante.

Ces sortes de pactes valent au pays ce que valent les actes d'associations entre travailleurs. Si les partis contractants donnent tous leurs efforts à la prospérité de l'œuvre commune, ils pourront oublier les termes de leur contrat et le laisser reposer au fond du tiroir.

Si au contraire chacun veut s'attribuer une plus

large part d'honneurs ou de profits qu'à ses coassociés, tous auront constamment leur contrat en main et finiront, à force de le tirailler, par le rompre.

C'est là le cas des revisionnistes, qui s'imaginent changer le monde en changeant le texte d'un acte, tandis qu'il faut changer les mœurs d'un peuple qui pendant des siècles a subi le joug des gouvernements dont la naissance venait de hardis aventuriers partis de contrées plus ou moins connues, qui, par un coup hardi et suffisamment aidés de complices, surprenaient le pays la nuit ou désarmé et se partageaient honnêtement terres, bêtes et gens.

L'égoïsme humain et le manque d'un lien entre les habitants du pays rendaient presque toujours ces coups de main faciles.

Aussi une fois le coup fait, — pardon, nous nous trompons, nous voulons dire une fois la conquête faite, il n'y a pas plus conservateur que le conquérant. Nous allions encore employer un terme vulgaire, ce qui n'est pas permis quand on parle historiquement et qu'on peut blesser des descendants de familles illustres ; mais nous ne sommes pas lettrés et avons gardé l'habitude d'appeler un chat un chat, et celui qui prend le bien d'autrui : un voleur.

On établissait donc immédiatement une administration qui rendait la justice, recevait les impôts, châtiait les coupables et décorait les bons.

2

Petit à petit ces institutions se sont solidifiées, enjolivées et modifiées dans leur essence jusqu'à ce que finalement la grâce de Dieu les ait consacrées.

Cependant, comme tout a une fin dans ce monde, qui malgré tout marche toujours vers le progrès, cette belle institution est enfin tombée comme un fruit trop mûr, et dans cinq ans nous allons fêter le centenaire de la déclaration des Droits de l'homme, et continuer à chercher le moyen de les mettre en pratique ainsi que la devise que nos ancêtres du siècle dernier nous ont léguée et qui est : Liberté, Égalité, Fraternité.

Mais revenons à la Constitution de 1875, et voyons sur quoi elle repose.

Elle donne le pouvoir législatif à la Chambre des députés et au Sénat.

La première est nommée par tous les électeurs, Le second est nommé par tous ceux en qui le pays a déjà placé sa confiance à divers degrés et doit servir surtout à modérer les entraînements de la première, sans cependant l'entraver, et il partage dans ce but avec le président de la République le droit de dissolution, ou plutôt de recours au pays.

Ce frein qui peut être utile en ce moment où l'électeur, faute d'organisation, est forcé d'abandonner son droit dans la main de ses élus, pourrait fort bien plus tard, avec un lien solide entre tous et des rapports légaux entre les électeurs et les élus qui conserveraient à ces derniers leur rôle de véritables mandataires, être exercé par les électeurs eux-mêmes.

Elle institue un président de la République qui détient ses pouvoirs des deux Chambres réunies en congrès, et évite ainsi un troisième pouvoir direct souvent enclin à en abuser, comme nous l'avons vu le 2 décembre 1851.

Elle est revisable, et par conséquent perfectible.

Que faut-il donc pour faire fonctionner un pareil acte au mieux des intérêts du pays?

Nous croyons que des élections sérieusement faites, aussi bien pour le conseiller municipal que pour le député, nous amèneraient au résultat que le pays désire.

Mais est-ce bien cela que l'électeur fait? Malheureusement non. Il préfère se plaindre et gémir, et perd en lamentations inutiles et en critiques envers les autres, sans chercher ses propres torts, dix fois plus de temps qu'il n'aurait besoin pour faire sérieusement et utilement ses affaires lui-même.

Ici nous allons être obligés de juger la situation surtout au point de vue des grands centres, habitant nous-mêmes Paris et ne connaissant des électeurs villageois que ce que nous en avons appris par des relations de famille ou d'amitié.

Nous croyons qu'ils votent mieux que nous habitants

des grandes villes, parce qu'ils se connaissent entre eux et qu'ils ont plus l'habitude de se communiquer leurs idées entre voisins. Le reproche que l'on pourrait leur faire, c'est d'avoir conservé des mandataires républicains la même idée que des candidats officiels de l'Empire. Ils donnent leurs votes aux mêmes conditions et dans le même but que leurs femmes donnent un cierge au saint de la paroisse, qui, après cette politesse, doit porter leurs prières aux pieds du Seigneur et intercéder pour eux afin de leur faire obtenir faveurs et profits. Il est vrai de dire que le candidat les entretient dans cette erreur à l'aide de l'administration, qui a toujours soin de souligner : « Obtenu sur la demande de M. le député un tel, ou de M. le conseiller, » ou qui communique à ces messieurs toute nomination ou tout changement à l'avance, afin qu'ils puissent s'en prévaloir dans leur circonscription. Mais ce système de propagande électorale a ses inconvénients. Le paysan, qui est avant tout un homme pratique, ne refusant jamais une offre faite, se rappelant, en toutes circonstances, qu'il a près du gouvernement un homme qui lui a promis de faire toutes ses commissions, ne manque pas d'en user. Comme on se garde bien de lui demander sa voix autrement qu'au nom de ses intérêts particuliers, ce sont aussi ses seuls intérêts qui le préoccupent. Aussi n'y a-t-il pas plus acharnés partisans du scrutin de liste que ces candidats promet-

teurs, car il les affranchirait à ·la fois de leurs promesses et de leurs électeurs.

Nous, électeurs des grandes villes dont l'éducation
politique est un peu plus avancée, nous envisageons
le mandat de nos élus à un point de vue plus général,
et cependant, par notre paresse et notre indifférence,
nous les laissons aux prises avec les mêmes inconvénients. La routine nous tient aussi bien que notre
bureaucratie, seulement avec cette différence, que
c'est la vie de cette dernière, tandis que nous, électeurs, elle nous étoufferait tôt ou tard si nous la lais-
sions faire.

Ainsi, qu'une élection générale ou partielle se présente, l'électeur ne bouge pas plus qu'un Terme. Il
attend patiemment qu'il plaise à M. le préfet de faire
afficher le décret de convocation et il s'imagine encore
être avant 1870 et être obligé d'attendre cette formalité
pour exercer son droit, c'est-à-dire de se mettre en
quête de choisir son mandataire. Nous savons bien
que beaucoup d'électeurs savent que les lois de l'Empire sont abolies et que les électeurs ont le droit de se
réunir en tout temps et de s'occuper des affaires publiques en toute liberté. Aussi, si nous parlons dans un
sens général de l'ignorance des électeurs, c'est que
nous préférons les croire ignorants de leurs droits,
plutôt que de les voir indifférents.

Donc la période électorale est ouverte et nous cherchons pour qui voter. Mais nous croirions nuire à notre souveraineté si nous cherchions notre candidat nous-mêmes. Il faut qu'il vienne s'offrir à nous, qu'il s'incline devant nous, qu'il flatte nos goûts et nos idées, qu'il cherche parmi nous des hommes qui nous parlent de lui et vantent ses qualités.

Comme souvent il est inconnu même de son comité, ces hommes lui demandent, en échange de la peine qu'ils se donnent pour le faire élire, son indépendance et sa protection.

Si le candidat qui se présente à nous est un homme connu, il n'en est pas moins obligé d'avoir recours à cette espèce d'état-major, car ses concurrents ont toute facilité de mettre en relief ses côtés faibles et d'en inventer même s'il n'y en a pas. Le candidat a donc besoin d'avoir recours à ces souteneurs d'hommes politiques et il trouve rarement des hommes désintéressés dans cette corporation.

L'élu est amené par le succès de son élection à croire à l'influence de ces hommes. S'il a pris, vis-à-vis des électeurs, l'engagement de leur rendre compte de son mandat, c'est à eux qu'il le fera; si eux exigent de lui quelque chose, il est fondé à croire que ce sont ses électeurs qui le demandent. Et cependant bien souvent nous hésiterions à faire notre société intellectuelle ou amicale des spécialités que notre indifférence et notre paresse imposent d'avance à nos mandataires.

Nous avons l'air étonné de la pauvreté de valeur de ceux qui se présentent à nous et de les voir, arrivés au bout de leur ambition, faire si bon marché du mandat qu'on leur a confié, se parer simplement du titre et en annuler les droits au fond du règlement d'un groupe dont les chefs tiennent les ficelles.

Ils ne font cependant que suivre notre exemple. Nous sommes fiers d'être citoyens et malheur à celui qui ne nous le rappellerait pas à chaque phrase; mais perdre notre temps à en remplir les devoirs, nous nous en soucions aussi peu qu'eux. Nous payons les impôts que l'on nous demande, et en payant même plus que nous voudrions, nous avons bien le droit d'exiger que l'on fasse la besogne pour nous.

Il y en a dans l'histoire de France des rois qui nous ressemblaient. Souverains électeurs! l'histoire les appelle les rois fainéants et elle nous raconte qu'au bout d'un certain temps, il s'est trouvé un nommé Pépin le Bref qui a trouvé qu'il était plus simple, puisqu'il faisait toute la besogne, qu'il la commandât aussi.

En 1851, un autre a aussi été de cet avis; il faudra pourtant se rappeler ce que ces insouciances ont coûté au pays et éviter qu'elles se renouvellent.

Nous voulons fermement la République basée sur la liberté et l'égalité de tous les Français et nous avons le suffrage universel pour faire fonctionner cette forme de gouvernement suivant ce principe : il ne s'agit que pour chacun de mettre un peu de fraternité dans l'accomplissement du devoir que ses droits d'électeur lui imposent.

Depuis 1789 la loi n'admet plus ni noblesse, ni bourgeois, ni vilains, elle est égale pour tous. Eh bien, aujourd'hui, après bientôt un siècle que la loi impose cette égalité, la routine, plus forte encore que la loi, l'empêche de prendre racine dans les mœurs, et c'est la raison dominante qui empêche que le suffrage universel donne tout ce que nous sommes en droit d'attendre de lui.

Son grand mérite, au point de vue républicain, est de fonder l'égalité en donnant une voix égale à chaque électeur riche ou pauvre dans les affaires de la collectivité politique, et de laisser l'homme privé libre et responsable de ses actions.

Mais cette égalité ne fait pas l'affaire de ceux qui

ont pris la douce habitude de vivre à nos dépens, et
que le gouvernement républicain est appelé à écarter.
Aussi ont-ils eu soin de la montrer sous des aspects
tellement sombres, que toutes les classes de la société
s'en effrayent et en traduisent le sens tout autrement
qu'il n'est véritablement.

Égalité! ont dit les ennemis de la liberté, mais c'est
le partage général de la richesse; personne n'aura plus
à obéir et tout le monde commandera.

Dans le premier moment ils entraînèrent quelques
niais ou ignorants; mais heureusement, le bon sens et
la droiture sont encore le partage de la grande majorité des travailleurs.

Le travailleur ne demande pas le bien des autres!
La plus grande jouissance qu'il trouve dans sa position est de l'avoir honnêtement gagnée.

Il ne trouve pas que c'est s'avilir que d'exécuter un
ordre sagement donné qui doit profiter au bien
commun, et il sait qu'il est bien souvent plus difficile
d'être obéi par soi-même, que commander à ses propres passions n'est pas toujours une sinécure.

Qui donc de nos jours croit encore aux phalanstères,
à Fourier, à Saint-Simon? Il y a longtemps que les
ouvriers savent que ces belles rêveries, tout en voulant
le bien, détruisaient d'une façon absolue la liberté
individuelle. Ceux qui les prêchent encore aujourd'hui

sont des fous ou les complices de ceux qui veulent enrayer le progrès.

Qui donc vient nous parler de prolétaires et de bourgeois ?

Est-ce que le prolétaire d'aujourd'hui n'est pas loisible de devenir le bourgeois de demain, et *vice versa?*

Est-ce que chaque apprenti soit agricole, soit industriel, soit commercial, soit scientifique, soit artistique n'a pas, mieux que le conscrit légendaire, son brevet de patron en blanc dans sa poche? et n'est-ce pas à lui-même à y donner la sanction?

Mil sept cent quatre-vingt-neuf a aboli, pour leurs nombreux abus, corporations, maîtrises, et nous a donné en échange la liberté; et nous, à qui nos pères ont déjà donné un peu d'instruction, nous irions enterrer cette liberté au fond d'absurdes utopies? Cela serait vraiment trop bête, et cela ne sera pas.

L'égalité, comme l'a voulu la révolution de 89, est l'égalité dans la collectivité.

Chaque membre de cette collectivité est l'égal de son concitoyen, et le suffrage universel a fait de chaque membre un électeur.

Il y a une différence bien délimitée entre l'homme de la collectivité qui est l'électeur, et l'homme privé.

Ce dernier a, dans la République, toute sa liberté pour faire, suivant son intelligence, sa capacité, ses aptitudes et son activité, sa position sociale.

Cette liberté n'est limitée que là où elle porterait atteinte à celle de ses concitoyens, et la collectivité politique du pays lui assure la jouissance en toute sécurité de ce qu'il aura honnêtement acquis.

Cette collectivité ne peut et ne doit donner à personne une situation aux dépens des autres. Il ne doit y avoir ni privilèges, ni abus pour aucune profession, qu'elle soit du domaine des idées ou de la pratique.

La chose publique n'est ni une industrie, ni un commerce, et tous les emplois publics doivent être dus à la confiance des électeurs et limités à ce qui regarde la conservation de la liberté et de l'égalité de tous les habitants du pays, et à leur sécurité.

L'homme public. c'est-à-dire l'électeur, se doit à la collectivité. Il n'a pas le droit de se désintéresser de ses devoirs, sous peine de nuire à ses concitoyens. C'est pourquoi, dans la République, qui a pour principe la liberté et l'égalité de tous et qui s'appuie sur le suffrage universel, la marche des affaires du pays doit avoir son attention constante.

Une réponse qui nous a été faite souvent et que nous ne pouvons admettre, c'est que les électeurs ne sont pas tous encore assez sages et assez éclairés pour exercer leurs droits et qu'il faut attendre une nouvelle génération que nous prépare l'enseignement obligatoire.

Nous avons meilleure opinion de notre temps, et les hommes qui sont aujourd'hui au pouvoir avaient la même opinion avant la chute de l'Empire et pendant la période de lutte qui a duré jusqu'en 1877.

Lisez leurs discours, soit à l'Assemblée nationale, soit ceux qu'ils adressaient aux électeurs directement, partout vous verrez leur confiance dans la sagesse du corps électoral exprimée de la façon la plus entière.

Dans toutes les circonstances graves, les électeurs les ont soutenus et ont mérité la confiance qu'ils plaçaient en eux.

Certainement il règne encore beaucoup de dissension et il y a peu d'entente dans le corps électoral, mais cela tient surtout à l'état de confusion dans lequel nos législateurs le laissent.

Ainsi, aujourd'hui encore, le suffrage universel est institué par le décret du 2 février 1852, qui l'a donné au pays de telle sorte qu'il ne puisse en rien nuire aux visées de l'homme de ce temps.

Ce décret et deux ou trois nouvelles lois de 1874 et

1875 règlent, en une multitude d'articles, l'exécution matérielle des élections ; mais de l'organisation du corps électoral lui-même, il n'en est nulle part question.

Très sérieusement la Chambre des députés a répondu l'année dernière à une demande de ce genre « qu'elle se rendrait suspecte en cherchant à donner une organisation à ce chaos ».

Voilà une réponse qui nous étonne au plus haut point.

Que l'Empire qui n'a accordé le suffrage universel que bien malgré lui, voulût ne l'accorder que de telle sorte qu'il ne pût y avoir ni entente, ni résultat possible, nous le comprenons très bien. Mais que sous le gouvernement de tous par tous, il soit possible de laisser la base même du gouvernement dans l'état de confusion où il se débat, nous ne pouvons l'admettre.

Comment ! le suffrage universel qui doit nous donner les principales institutions du pays, celle dont toutes les autres découlent, devra rester à la merci de quelques blagueurs ou aux plus braillards ?

Nous ne le pensons pas !

Ou vous avez l'intention de fonder le gouvernement républicain, et alors vous organisez le corps électoral de telle sorte qu'il puisse petit à petit prendre possession de son administration lui-même ; ou vous voulez simplement vous emparer du pouvoir à votre profit, en

vous appuyant sur l'ancienne administration monarchique.

Dans ce dernier cas, vous manquez au mandat qui vous a été donné, et à n'importe quel groupe que vous apparteniez, vous trouverez toujours des compétiteurs et vous livrerez le pays à ces tiraillements constants dont nous avons le spectacle attristant sous les yeux depuis que la République est soi-disant entre les mains des républicains.

Vous avez dit qu'aucune loi n'empêchait les électeurs de se réunir ni de s'organiser, et que c'est l'action libre, de l'initiative privée qui, seule, avait le droit de toucher au suffrage universel.

C'est une réponse on ne peut plus drôle de la part des mandataires nommés par le suffrage universel pour fonder la République et faire ses lois.

Que de mal n'avez-vous pas, vous qui êtes cinq cents et qui avez des chefs habitués à manier la politique, à tomber d'accord sur un bien petit nombre d'affaires ?

Et vous voulez que dix ou douze millions d'hommes puissent être organisés par l'initiation de quelques citoyens qui n'en ont pas mission, quand vous, qui avez pris l'engagement vis-à-vis de vos électeurs de fonder la République sur des bases inébranlables, vous suivez tranquillement le fil de l'eau et récompensez vos agents électoraux en leur cherchant des places ! Vous donnez ainsi la main à la vieille administration monar-

hique, dont la discipline formera les amis que vous y
asez, et qui vous abandonneront avec elle le jour où
ous serez reniés par le pays. Et si l'occasion d'un
 décembre se représentait, l'administration n'hési-
rait pas à vous poursuivre et à vous emprisonner
omme elle l'a déjà fait, si vous ne souteniez pas un
ief unique quelconque, qu'elle préférera toujours à
 qu'elle appelle l'instabilité présente.

———

Quels sont donc les moyens dont les électeurs dis-
sent pour arriver à s'entendre entre eux et à se servir
 suffrage universel?

Il y en a deux et ce sont :

Le droit de réunion et la liberté de la presse.

Le premier, qu'en dire? Nous ne pouvons mieux
re que de vous soumettre un article du *Temps*, dans
quel il parle non seulement lui, mais encore un
omme aux opinions les plus avancées dans notre Par-
ment.

Voici ce que dit le *Temps* dans un numéro du 3 novembre 1882 :

« Nous avons toujours espéré qu'en pratiquant la liberté, nous finirions par en prendre les mœurs. Jusqu'à présent, il faut bien le reconnaître, les progrès que nous avons pu faire en ce sens sont bien minces. En parlant ainsi, nous songeons à ce que sont devenues parmi nous les réunions publiques. La liberté de se réunir et de discuter les affaires communes est une liberté nécessaire. C'est un droit que des hommes libres ne peuvent se laisser ravir et auquel ils ne sauraient renoncer. Cette liberté et ce droit, les lois de la République nous les ont garantis. Mais qu'arrive-t-il ? C'est que, dans la pratique et en fait, nous sommes en train de les perdre. L'intolérance et le désordre écartent déjà des réunions publiques les gens pacifiques et sensés, bientôt les plus courageux finiront à leur tour par en être dégoûtés. Ce qui est arrivé à M. Gambetta à Charonne, l'an dernier, s'est renouvelé récemment pour M. Clémenceau à Montmartre. Le pugilat est à l'état permanent dans les assemblées des socialistes et des anarchistes. Partout les injures et les violences prennent la place du raisonnement et de la discussion. A quoi nous servira d'avoir théoriquement dans son entier le droit de nous réunir, si, en fait, les réunions

eviennent impossibles, si les citoyens d'humeur tran-
uille n'osent s'y aventurer?

« Nous ne sommes pas les seuls à nous plaindre de
état où sont tombées les mœurs de nos réunions pu-
.iques. Il n'y a sur ce point dans toute la presse qu'un
oncert unanime de plaintes, de regrets. Le témoi-
iage des journaux d'opinion modérée pourrait ne
as paraître ici d'autorité suffisante. Voici ce que dit le
adical, qu'on n'accusera pas de pusillanimité :

« Certains hommes sont en train de tuer les réunions
publiques par l'intolérance et le désordre. Encore un
peu de temps et la liberté de réunion ne servira plus
à rien ; elle sera supprimée de fait par le pugilat et le
combat des personnalités.

« J'ai d'ailleurs toujours remarqué, » continue
. Henry Maret, « que les réunions trop nombreuses
n'aboutissent à rien qu'à faire briller ou conspuer
plus ou moins un orateur, et qu'il n'en sort jamais
le résolutions sérieuses. »

« Voilà des aveux d'une courageuse franchise et qui
raissent dignes, quand on songe à quels hommes
 sont arrachés par la force des choses, d'être sérieu-
ment médités. »

Nous n'avons absolument rien à ajouter à ces paroles,
iutant moins que c'est nous qui les avons provoquées

dans les deux journaux, à propos de la pétition que nous venions d'envoyer aux trois pouvoirs publics et que nous soumettons plus loin au lecteur.

———————

La liberté de la presse nous rend plus et de meilleurs services ; mais si elle n'est pas encore muselée, nous ne devons pas en être reconnaissants à l'administration. La tentative a déjà été faite et sera certainement renouvelée. Le prétexte en est on ne peut plus arbitraire.

A tous les étalages se pavanent des journaux, des brochures et des livres d'une immoralité flagrante, tombant sans le moindre doute sous le coup de la loi sur la presse du 29 juillet 1881. Mais l'administration qui n'aime pas la liberté de la presse, ferme les yeux sur ses ordures et crie dans ses organes qu'elle n'a pas d'armes, que la presse est libre, et gémit sur son impuissance à protéger le pays. Ou si le scandale est trop fort et que des réclamations arrivent avec le texte de la loi en main, on voit quelquefois un ouvrage saisi et les auteurs, imprimeurs, etc., condamnés à la prison et à l'amende, six mois après son apparition et quand il a épuisé sa soixantième édition.

Ces faits ne doivent-ils pas nous donner une mesure de la bonne foi administrative et de son désir de nous ravir nos libertés ?

Mais malgré les progrès industriels accomplis dans l'art de l'imprimerie, cette liberté n'est pas encore à la portée de tout le monde. Sans compter le talent, il y a encore la question financière. Le premier n'est pas toujours le maître de cette dernière. Aussi voyons-nous souvent l'intérêt dominer la conviction, et croyons-nous dangereux pour le corps électoral de lui laisser la direction de l'opinion publique d'une façon par trop absolue, ce qui arriverait forcément avec le vote au scrutin de liste.

Vous voyez donc, électeurs, que des deux moyens d'action dont dispose le suffrage universel, le premier et le plus sérieux est mal pratiqué, et le second n'est pas assez désintéressé pour donner des résultats pratiques.

Comment donc faire pour arriver à vivre librement, suivant la volonté nationale, toujours et facilement exprimée, affranchie de toutes les tracasseries bureaucratiques?

Nous croyons qu'il existe un moyen et nous vous le soumettons, afin que vous nous aidiez à l'obtenir.

Pour bien nous faire comprendre, nous allons citer un fait particulier à notre quartier, mais ce fait est l'image de ce qui se passe dans presque toutes les circonscriptions électorales. Il y en a bien peu où les électeurs ne soient pas sous la domination d'une poignée d'hommes plus ou moins estimés, mais presque toujours suivis par leurs concitoyens.

Le 2 juillet 1882 avait lieu une élection au Conseil municipal pour le quartier de la Folie-Méricourt.

Le mandat de député y appartenait d'une façon incontestée, depuis nombre d'années, à M. Floquet, et son comité soutenait avec non moins de succès la candidature de M. Cadet au Conseil municipal, où il fut nommé plusieurs fois.

M. Floquet ayant accepté le poste de préfet de la Seine, où il s'est illustré par l'inauguration de l'Hôtel de ville, nous a présenté son ami M. Cadet pour son successeur. Cet avis a été suivi (c'était la voie hiérarchique, comme l'on dit dans l'administration), et M. Cadet est notre député depuis cette époque.

Notre nouveau député, un peu faible de santé, a, aussitôt sa nomination et pour être plus à même de mieux remplir son mandat, quitté son appartement de la place de la République et est allé demeurer derrière le Palais-Bourbon. Malheureusement cet abandon, cependant utile, a causé un certain désarroi dans le comité à qui appartenait notre quartier.

Il y a eu tiraillement, désaccord et finalement rupture, et le quartier, sans ses chefs habituels, s'est trouvé en face d'une demi-douzaine de candidats qui, sauf le citoyen Labusquière, étaient tous inconnus aux électeurs.

Entre une cinquantaine de voisins nous avons suivi avec soin les réunions électorales, pour nous faire une idée des candidats que l'on nous présentait et que nous ne connaissions pas. Nous avons été obligés de conclure entre nous, que malgré toute l'attention que nous y avions apportée, il ne ressortait pour nous qu'un grand découragement.

Dans de petits conciliabules, nous nous sommes communiqué nos impressions, que vous trouverez condensées dans la présente pétition :

« Monsieur le Président,

« Permettez-nous de soumettre à votre sage appréciation une idée émise et discutée entre nous, relativement aux difficultés que nous éprouvons dans l'exercice de nos droits électoraux, désireux que nous sommes tous de soutenir, dans la mesure de nos moyens, vos efforts, que vous mettez si largement au service du bien-être de la patrie.

« A chaque convocation du corps électoral, qu'il s'agisse d'élire un député, un conseiller général ou municipal, quelques groupes de citoyens les uns dévoués, d'autres seulement ambitieux, provoquent des réunions publiques ou privées et cherchent à faire prévaloir le candidat de leur choix.

« Ces candidats sont souvent des hommes de talent dans leur art ou métier, mais bien peu connus de caractère, dans presque tous les cas, parfaitement inconnus personnellement aux électeurs.

« Et ce que nous ne ferions certainement pas dans la vie privée, quand il s'agit de quelques intérêts minimes, nous sommes obligés de le faire dans la vie publique, là où il s'agit d'intérêts de premier ordre.

« C'est de donner notre mandat en aveugles !

« Aussi qu'arrive-t-il la plupart du temps ?

« Les électeurs n'entendant dans les réunions que comités et candidats se disputer ou se calomnier, ou s'abstiennent, ou votent au dernier moment, sans conviction, pour celui qui fait les plus belles promesses.

« Et cependant, c'est de cette action que dépendent

l'avenir et la prospérité du pays, et quelquefois la vie de ses enfants.

« Est-ce en éloignant encore le vote du jugement de l'électeur, au moyen du scrutin de liste, que nous obtiendrons de meilleurs résultats ?

« Nous ne le croyons pas. Car alors nous mettrons dans la main de journalistes influents, ou de ceux qui les inspirent, la direction entière des élections. Nous pourrons peut-être ainsi avoir des majorités compactes. Mais il y en avait aussi sous l'Empire, et cela ne nous a pas porté bonheur.

« Nous croyons donc qu'il ne manque au suffrage universel qu'un peu d'ordre et d'organisation que nécessite toujours une œuvre d'ensemble, et qu'en donnant une cohésion légale à la masse électorale, elle fera de bonne besogne ; car lorsqu'un travail demande le concours de plusieurs hommes, on est sûr d'avance qu'il ne sera bien fait qu'à la condition que ces hommes s'entendent, apprennent à se connaître et voient l'utilité de leurs efforts.

« Malgré notre grand nombre, nous croyons qu'il est possible de faire sentir à chaque électeur qu'il fait partie d'un pays dont les habitants doivent se gouverner par eux-mêmes, ce que bien des républicains, et des plus ardents, ont du mal à se persuader. Leur excuse est la suite de quatorze siècles de monarchie

qui ont laissé derrière eux des ornières dont beaucoup
de monde a du mal à sortir.

« Notre idée consiste donc à diviser la masse électorale en petits groupes de *trois à cinq cents* électeurs,
habitant un même quartier de ville ou un village ;

« A charger chaque groupe (pour commencer) de la
confection et de la garde de sa liste électorale.

« A le laisser se réunir le plus souvent possible, en
tout temps, sous la direction de son bureau ; il aurait
à cet effet les salles d'école à sa disposition ;

« A élire dans son sein un délégué chargé de le
représenter à une réunion de tous les délégués de la
circonscription électorale nommant le député.

« La réunion de ces délégués aurait lieu au moins
une fois par mois et tous les élus, députés, conseillers
généraux ou municipaux, devraient y assister et donner
à l'assemblée tous les avis, conseils, communications
ou éclaircissements intéressant l'électeur, et chaque
délégué les transmettrait fidèlement, avec procès-
verbal à l'appui, à son groupe ; de façon que chaque
électeur soit toujours renseigné sur la situation du pays
d'une façon officielle, constante et absolument véridique.

« Les délégués pourront aussi, dans ces réunions,
faire connaître aux élus les sentiments de leurs commettants.

« Au jour du scrutin, l'électeur, bien renseigné,

votera en toute liberté et en toute connaissance de cause, ayant discuté avec ses voisins tranquillement et longtemps à l'avance, et fera ainsi un acte mûrement réfléchi.

« Nous croyons qu'alors chaque électeur prendra plaisir et verra son intérêt à assister à ces réunions appelées forcément à étendre leurs attributions au fur et à mesure que leur éducation se fera ; qu'alors nous ne verrons plus ces abstentions nombreuses, qui souvent permettent aux deux tiers des électeurs de prétendre ne pas être représentés par l'élu, et que la continuité des relations entre électeurs les amènera à des rapports amicaux, que produit toujours une œuvre commune où chacun travaille pour le bien de tous.

« Encore mieux placé que nous pour connaître les hommes, vous savez que la grande majorité est bonne et que la participation de chacun amènera forcément le règne de cette majorité, et nous verrons alors, dans un temps relativement court, la disparition des idées de castes, avec leurs vieilles rancunes qui déjà n'ont plus grande raison d'être, et arriver enfin le véritable gouvernement démocratique qui a pour devise : *Liberté, Égalité, Fraternité.*

« Pour l'élu, il puisera une grande force dans ses rapports continus avec ses électeurs, et grâce à la convention intervenue entre la Chambre des députés et les Compagnies de chemins de fer, les déplacements que causeront les réunions des délégués ne seront onéreux pour personne.

« Espérant que vous voudrez bien accorder votre bienveillante attention à notre projet,

« Nous signons vos tout dévoués... »

Après la remise de cette pétition dans les bureaux de la Chambre des députés, du Sénat et chez le président de la République, nous en avons adressé un exemplaire à tous les députés et sénateurs en particulier, avec le petit mot suivant :

TIONS MUNICIPALES
DU 2 JUILLET 1882

r de la Folie-Méricourt,
XI⁰ arr. de Paris.

ons...................... 4.311
s blancs................   649
.... Élu. 2.893
ÈRE...................... 1.604
E......................   743
                         ————
s inscrits............. 10.200

Paris, le 22 octobre 1882.

Monsieur le Dèputé,

Nous avons adressé aux trois pouvoirs constitutionnels la pétition dont vous trouverez la copie ci-incluse, avec l'espoir que votre commission la soumettra à votre appréciation.

La pensée de cette pétition nous a été suggérée par le résultat de la dernière élection de notre quartier, que nous nous transmettons en tête de la présente.

Nous croyons que cela n'est pas tant aux élus du suffrage universel qu'à l'électeur qu'il faut s'en prendre si les résultats ne satisfont pas tout le monde.

Nous espérons obtenir mieux de ce dernier en augmentant ses attributions de quelques occupations le touchant de près, en lui donnant l'habitude de s'occuper des affaires publiques plus régulièrement et plus souvent, et par cela même de les suivre avec plus de soin.

Dans l'espoir que vous voudrez bien nous honorer de votre bienveillante attention et nous donner votre appui, nous vous prions d'accepter nos sincères salutations.

UN GROUPE D'ÉLECTEURS
DU XI⁰ ARR. DE PARIS.

Avec la même lettre, en changeant seulement la phrase finale, qui leur demandait leur approbation, leur concours, et de faire connaître à leurs lecteurs notre pétition, nous l'avons envoyée à tous les journaux de France.

Afin qu'elle fût moins exposée à être rejetée comme un imprimé indifférent, nous avons employé la forme d'une lettre, et ceux au concours desquels nous attachions le plus de prix, elle leur était adressée sous pli cacheté.

Mais vraiment il nous fallait, comme le disait si bien le *National* dans son numéro du 6 novembre 1882, une respectable dose de naïveté pour croire que députés et sénateurs allaient tenir compte d'une plainte exhalée par des âmes simples et sans malice, qui croyaient que la politique était à la portée de gens n'ayant qu'un peu de bonté de cœur à leur offrir.

Pour comble de malheur, notre député déménageait justement en ce moment et a égaré notre lettre.

De la presse nous avons eu un meilleur accueil et si ses conclusions ne sont pas toutes d'accord avec

ous, nous devons au moins la remercier de sa bienveillante critique et nous vous soumettons ces critiques
avec nos observations.

M. Henry Maret, dans son journal *le Radical* du
novembre 1882, dans un article intitulé : « Le Gouvernement direct », après avoir reproduit une partie
de notre lettre d'envoi et de notre pétition, concluait
ainsi :

« Il y a dans cette pétition dés idées fort justes.
Elle arrive à point au moment même où, il faut bien le
dire, certains hommes sont en train de tuer les réunions publiques par l'intolérance et le désordre. Encore
un peu de temps, et la liberté de réunion ne servira
plus à rien, elle sera supprimée de fait par le pugilat
et les combats de personnalités.

« J'ai d'ailleurs toujours remarqué que les réunions
trop nombreuses n'aboutissaient à rien, qu'à faire
briller ou conspuer plus ou moins un orateur, et qu'il
n'en sort jamais de résolutions sérieuses.

« Les réunions fréquentes des comités, réunies par
les pétitionnaires, constitueraient un progrès considé-
rable. Et il est certain que nous obtiendrions la véritable représentation nationale ; qu'alors, au lieu de
s'injurier sans se connaître, élus et électeurs discuteraient constamment et pacifiquement entre eux les
mesures à prendre et la conduite à tenir.

« J'approuve donc absolument la pétition et ne lui reproche qu'une chose, c'est d'être une pétition. Je ne vois pas en quoi cette organisation regarde le gouvernement. Ce n'est pas lui qui doit diviser la masse électorale, c'est à la masse électorale de se diviser elle-même. Il faut prouver le mouvement en marchant, il faut débuter dans le gouvernement direct en le prenant d'autorité, et non en l'implorant. On n'a que ce qu'on acquiert. Ne mettons la main de l'État dans rien, mettons la main du peuple partout.

« Je suis convaincu que si les pétitionnaires du XIe arrondissement veulent prendre l'initiative de leur système, leur exemple sera suivi. Les salles d'école ne dépendent pas de l'État, mais du Conseil municipal qui les leur donnera certainement. Qu'ils agissent, qu'ils fassent de la propagande, je suis pour ma part à leur disposition.

« Il y a en effet assez longtemps que la nation se laisse gouverner et qu'elle est mal gouvernée. Le jour où elle consentira enfin à se gouverner elle-même et toute seule, elle n'aura au moins à reprocher à personne les fautes qu'elle pourra commettre. Il sera d'ailleurs difficile qu'elles soient plus lourdes que celles qui ont été commises par les hommes à qui jusqu'à présent elle s'est confiée.

« HENRY MARET. »

M. Henry Maret nous reproche d'implorer une chose qu'il nous appartient de prendre et il fait une confusion, qui tient probablement à l'habitude, entre ceux à qui nous nous adressons.

Notre pétition est adressée à nos mandataires députés et sénateurs. Si nous l'avons aussi adressée à M. le président de la République, c'était d'abord par sympathie et ensuite parce qu'il nous semblait qu'il ne devait pas être si étroitement enfermé dans son rôle de porte-drapeau.

Quant à prendre, nous ne sommes pas gens à prendre de vive force et nous estimons que c'est surtout en république que rien n'est bien acquis et durable, si ce n'est légalement et par la volonté de la vraie majorité du pays.

Pour ce qu'on est habitué vulgairement à nommer le gouvernement, nous n'avons pas songé un seul instant à nous adresser à lui, connaissant son dédain pour nous électeurs et n'ayant aucun espoir dans son aide; mais nous espérons toujours en nos mandataires.

———

Voici maintenant un article paru dans le journal *la Liberté*, dans son numéro du 4 novembre 1882, sous la rubrique : « Une Curieuse Pétition ». Après un court résumé de ce que nous demandons, la *Liberté* explique et commente surtout notre tendance, et avec beaucoup de justesse. Du reste voici l'article :

« Les pétitionnaires espèrent plusieurs avantages de ce système. D'abord les électeurs étudieraient mieux les intérêts qu'ils ont à cœur de défendre, en les discutant périodiquement dans des réunions peu nombreuses, où l'ordre serait aisément maintenu ; ensuite les délégations de comités réguliers empêcheraient les réunions irrégulières de comités improvisés qui ne sont généralement, dans les mains d'un parti, que des moyens d'asservir et de fausser le suffrage universel au lieu de l'éclairer.

« Il y a certainement du vrai dans le sentiment qui a inspiré cette pétition, dont le fond est sérieux si la forme en est bizarre.

« La portée en est plus grande qu'elle ne paraît au premier abord. Les pétitionnaires sont évidemment des adversaires du scrutin de liste ; leur intention visible en demandant une loi formelle pour régler l'organisation qu'ils proposent est de mettre obstacle à tout projet de centralisation du suffrage universel. Ils veulent opposer l'action indépendante des forces locales à l'action absorbante du pouvoir central et affranchir l'électeur des influences étrangères à sa circonscription.

« A ce point de vue, leur proposition n'est pas indifférente. Elle atteste dans l'esprit public une préoccupation qui mérite l'attention du gouvernement et des Chambres. Partout les électeurs tiennent à leur indépendance, à leur initiative, à leur autonomie électorale, si l'on peut s'exprimer ainsi. Partout ils désirent que leurs intérêts particuliers soient représentés et défendus dans le Parlement. Partout ils redoutent de les voir sacrifiés sans pitié et emportés par ces grands courants politiques que les partisans du scrutin de liste ont pour but de déterminer et qui sont bien plus des instruments de domination que des forces de liberté et de progrès.

« Restreinte même à ses proportions apparentes, la pétition que nous signalons n'en est pas moins digne d'intérêt. La constitution de petits comités où se discuteraient toutes les questions importantes, où se ferait par l'expérience l'éducation politique des électeurs, où se formeraient peu à peu les mœurs publiques, serait en principe une chose utile. La masse électorale échapperait ainsi aux intrigues et aux pressions qui la poussent aujourd'hui à l'aventure sans qu'elle ait conscience de ce qu'elle fait. Puis lorsque approcherait l'heure du scrutin, les réunions préparatoires, composées d'hommes capables de juger les programmes des candidats, ne s'agiteraient plus dans le vide, le tumulte et le chaos, et le bulletin de vote pourrait être déposé par chacun avec connaissance de cause.

« L'idée est donc sérieuse, mais le moyen proposé pour la mettre en œuvre n'est pas admissible.

« Ce n'est pas et ce ne peut pas être affaire de législation, c'est exclusivement affaire d'initiative privée.

« Nous avons la commune comme extrême limite électorale ; on ne saurait aller plus loin. L'unité de quartier, de village, de hameau serait un éparpillement du suffrage universel bien autrement dangereux que ne pourrait l'être, en sens inverse, la centralisation électorale sous la forme du scrutin de liste.

« Mais ce que le gouvernement ne peut faire, ce que la loi ne saurait ordonner, qui empêche les pétitionnaires de le réaliser, si, comme on peut le croire, ils trouvent bon nombre de gens faciles à convaincre ? Le droit de réunion est libre. Qu'ils s'organisent d'après le plan qu'ils indiquent ; qu'ils prennent la bonne habitude de discuter avec calme et maturité les questions et les solutions qu'ils désirent faire prévaloir dans les scrutins ; qu'ils s'accoutument ainsi aux devoirs de la vie publique et prennent une part active à tout ce qui se passe dans la politique générale, au lieu de s'en désintéresser et de s'abstenir comme ils le font trop souvent aujourd'hui. Nous ne pourrons que les approuver. Mais pour cela ils n'ont pas à appeler l'État à leur aide; c'est à eux-mêmes qu'il appartient d'agir et de donner l'exemple en mettant résolument en pratique une idée qui, bien comprise et bien appliquée, ne manque certainement pas de valeur. »

Le rédacteur de cet article nous a bien compris.

Là, où nous ne comprenons pas de n'être pas d'accord avec lui, c'est lorsqu'il parle de l'éparpillement que nous demandons du suffrage universel.

Nous avons la commune comme extrême unité élec torale, dit-il. Mais c'est précisément ce que nous voulons, et vingt et quelque mille groupes sont tout formés comme nous le demandons.

Notre idée consiste surtout à mettre au même niveau que ces petites communes celles dont la population trop agglomérée ne permet plus aux électeurs de se connaître et de se concerter pour faire œuvre commune, et à égaliser l'action des villes à celle des campagnes.

Nous y trouvons aussi, comme chez M. H. Maret, la confusion du gouvernement avec nos mandataires qui font les lois en notre nom.

D'après le rédacteur de la *Liberté*, nous n'avons pas à appeler l'État à notre aide.

Mais qu'appelle-t-il l'État?

Nous avons adressé notre pétition aux trois rouages institués par la Constitution pour que le pays puisse se gouverner lui-même et suivant la volonté de la majorité de ses habitants.

Le premier, la Chambre des députés, devrait, par son issue directe du suffrage universel, exprimer cette volonté.

Le second, le Sénat, élu par une catégorie d'électeurs ayant déjà tous apporté un concours pratique aux affaires publiques par les divers mandats que leurs concitoyens leur ont confiés, nous paraît plus spécialement appelé à conseiller et contrôler cette volonté.

Le troisième, par la façon dont il est nommé, devrait être sous la dépendance des deux premiers et borner son action à l'exécution fidèle des décisions prises.

Où est l'État dans cet ensemble?

A s'en rapporter à l'histoire, c'était celui qui commandait qui avait le droit de dire: « L'État, c'est moi! »

Nous voyons donc un premier rouage qui a mandat d'exprimer, un second qui conseille et un troisième qui devrait simplement exécuter ce que l'on lui commande au nom du peuple français (ceci est du reste écrit en tête de tous ses actes); et comme le peuple français est l'ensemble de tous les électeurs, nous prétendons pouvoir dire :

« L'État, c'est nous ! »

C'est à cet État que notre pétition est adressée, à titre de problème à résoudre.

De l'initiative privée il est sorti tout ce qu'elle a pu donner : les comités électoraux, dont chacun est l'expression et travaille pour un parti. Des critiques mêmes de l'honorable rédacteur il ressort qu'ils ne font rien de bon, et nous regretterions vraiment de nous borner à en augmenter le nombre. Pour nous une organisation forte et légale de tous les électeurs, où chacun apporterait sa part de bon sens, sera seule capable de donner un résultat pratique. Ou alors nous nous trompons en croyant que dans le gouvernement de la République ce sont les électeurs qui sont souverains ; non pas que nous voulions dire que chaque électeur est souverain personnellement, il n'est rien autre qu'un homme libre et égal à tous les autres électeurs. Nous n'admettons la souveraineté que pour la collectivité entière. Et c'est pour cette collectivité que nous demandons une organisation qui lui permette d'exprimer toujours promptement et sans contestation possible sa volonté souveraine.

Et ne croyez pas pour cela que nous soyons des communards ! Nous avons vu de trop près la Commune pour l'approuver. Jamais nous n'admettrons qu'un mandataire dépasse, même avec l'idée de bien faire, le mandat qui lui est confié.

L'unité dans les institutions d'une république est aussi nécessaire que partout ailleurs, et jamais un conseil municipal, aurait-il des centaines de mille d'é- ;

lecteurs, ne doit chercher à s'ériger en assemblée de législateurs, et la division que nous demandons ne peut qu'obvier puissamment à ces prétentions, puisqu'elle permet toujours aux électeurs de rappeler le mandataire à son rôle.

Le *Petit Parisien*, dans un numéro du 4 novembre 1882, après avoir donné les principaux traits de notre pétition, termine ainsi :

« Rien n'est plus juste, rien n'est plus vrai. Il est clair que si le système mis en avant par les électeurs du XIe arrondissement était appliqué, on en obtiendrait les meilleurs résultats.

« La nation doit bien se dire à la fin que c'est à elle-même à s'occuper de ses affaires ; qu'elle le fasse donc sérieusement et qu'elle prenne avec soin toutes ses dispositions pour ne confier des mandats qu'aux hommes dont elle est sûre et pour pouvoir sans cesse surveiller ces hommes et leur imposer ses volontés. »

Devant une approbation aussi complète, nous commençons à nous sentir encouragés dans nos efforts et ne désespérons plus que nos concitoyens arrivent à nous suivre.

———

Le *Siècle* du 3 novembre, quoique s'étendant moins longuement sur notre idée, est tout aussi encourageant ; voici ce qu'il dit dans un article intitulé : « Les Institutions et les Mœurs » :

« Il y aurait des réserves à faire sur le programme et les difficultés que son exécution pourrait présenter ; il y a là des questions délicates à étudier, mais le principe du projet est assurément louable. Donner une large base aux candidatures et amener aux urnes le plus grand nombre d'électeurs possible, telle doit être la préoccupation des bons citoyens. La France épublicaine fait en ce moment l'expérience de deux ibertés nouvelles, la liberté de la presse et la liberté de éunion. Que des abus se produisent, il faut les dé-)lorer plus que s'en étonner : l'homme qui a souffert le la faim risque de se donner une indigestion. Faudra-t-il pour cela recourir à un régime de com-)ression, comme le conseillent quelques-uns de nos :onfrères ? Non, mille fois non ; mais il faut encoura- ger toute entreprise qui a pour but de mettre nos mœurs à l'unisson de nos institutions. »

Nous avons déjà donné dans un précédent chapitre une partie d'un article publié par le *Temps* du 3 novembre 1882, et dont les conclusions sont en beaucoup de points semblables à celles de la *Liberté*, sauf une préférence plus marquée pour le scrutin de liste, et nous ne pouvons mieux faire que de lui opposer précisément les observations sur ce mode de votation mises en avant par la *Liberté*.

L'*Opinion* du 5 novembre 1882, dans un article de
M. Jean Desplas, conclut en ces termes :

« Les pétitionnaires avancent que ce système remé-
dierait à tous les abus.

D'abord les électeurs étudieraient mieux les intérêts
qu'ils ont à cœur de défendre, en les discutant périodiquement dans des réunions peu nombreuses, où
l'ordre ne serait jamais troublé ; ensuite les délégations
des comités réguliers supprimeraient les comités irré-
guliers qui ne peuvent qu'asservir, fausser le suffrage
universel au lieu de l'éclairer.

« Certes le sentiment qui a inspiré la pétition est
digne d'intérêt, et il ne nous déplaît pas de lui accorder quelque attention. Nous ne nous attacherons pas à
relever la forme bizarre de la supplique, estimant que
le fond en est sérieux.

« Évidemment les signataires sont des partisans ré-
solus du scrutin d'arrondissement, et leur intention certaine est de s'opposer au scrutin de liste qu'ils envi-
sagent comme capable de tendre à la centralisation du
suffrage universel. Ils veulent opposer les forces
locales au pouvoir central, affranchir les électeurs des
influences étrangères à leur circonscription et tenir
l'élu sous leur coupe immédiate.

« On voit que la proposition soumise aux pouvoirs

publics est d'une réelle importance, car elle atteste dans l'esprit public la préoccupation de son indépendance, de son initiative, de son autonomie électorale, si l'on peut s'exprimer ainsi : Les électeurs craignent d'être emportés dans ces grands courants politiques qui sont plus des instruments de domination que des forces de liberté et de progrès.

« Les appréhensions des électeurs méritent d'être apaisées. En théorie, la demande des pétitionnaires n'est pas dénuée de raison. La constitution de petits comités où se ferait l'éducation politique des électeurs, où se formeraient les mœurs publiques n'est pas à dédaigner. La masse électorale, à l'heure du scrutin, ne s'agiterait pas dans le vide et le bulletin de vote serait déposé dans l'urne en toute connaissance de cause.

« Mais en pratique le moyen proposé n'est pas admissible, le législateur n'a rien à légiférer sur cette matière; seule l'initiative privée peut agir. De plus, la formation de milliers de petits comités non seulement créerait des milliers de coteries, mais engendrerait des milliers de chocs, de heurts déplorables à tous égards. Ensuite, nous avons la commune comme extrême unité électorale; aller au delà serait éparpiller sans profit pour la République les forces vives de la nation et aboutir à l'anarchie, autrement dangereuse que la centralisation électorale sous la forme du scrutin de liste.

Le gouvernement n'a donc pas à s'occuper de la pétition des électeurs du XIe arrondissement. Ceux-ci, maintenant que le droit de réunion est libre, peuvent tenter l'essai de leur système et s'habituer à discuter, avec calme et maturité, les problèmes qui les touchent. Ainsi ils s'accoutumeront aux devoirs de la vie publique.

« Quant à l'État, il n'a pas à aider les citoyens libres à pratiquer une idée dont nous ne méconnaissons pas quelques points excellents, mais qui, à cause de l'ensemble, a droit à être classée parmi les utopies.

« JEAN DESPLAS. »

Oui, nous espérons, avec notre système, remédier, si ce n'est pas à tous les abus, du moins à quelques-uns.

Un de ceux-là est surtout d'affranchir l'élu de cette suggestion de pourvoir aux intérêts privés de son comité et de ses électeurs, soi-disant influents, qui, sous le prétexte de lui avoir procuré l'honneur de nous représenter, l'accablent de commissions qui souvent compromettent sa dignité, en lui donnant une représentation légale de tous ses électeurs, qui seule aura mission pour lui transmettre leurs désirs et leurs aspirations.

Cette même représentation lui permet de rendre compte de son mandat d'une façon simple et sérieuse, de le communiquer à tous ses électeurs et de connaître leur avis véritable sur lequel il peut constamment guider son action.

Cette organisation permettra aussi aux électeurs, comme commencement de prise de possession, de construire et de garder leur liste électorale, tenue jusqu'à ce jour, par la bureaucratie, d'une façon déplorable dans les grands centres.

Ce qu'il y a d'électeurs inscrits en deux endroits est innombrable. On y raye les vivants, on y laisse les morts. Nous avons relevé trois lignes sur la liste de notre quartier. Il y a sur la liste de 1883 un mort, un vivant et un électeur habitant la banlieue depuis quatre ans, où il est inscrit depuis ce temps sur la liste électorale. Eh bien, qui croyez-vous qui a cessé de figurer sur celle de cette année? C'est celui qui aurait dû seul y rester, et la raison de sa radiation ne peut s'appliquer à aucun de ceux qui sont maintenus. Dans une seule section, une trentaine d'électeurs qui n'avaient même pas changé de domicile ont été rayés comme déménagés. A côté de cela, un photographe pornographe, condamné pour meurtre l'année dernière, y figure toujours; et nous ne relevons que le plus saillant.

Si un électeur se plaint, on lui répond qu'il aurait dû venir vérifier son inscription. La loi lui donne en effet ce droit, mais ne l'y oblige pas, tandis qu'elle oblige l'administration à tenir la liste électorale à jour et à veiller à sa bonne confection.

Mais ils ont bien d'autres chats à fouetter et ils seraient bien bons de s'occuper de pareilles vétilles.

Voilà pour quelques abus, et combien y en a-t-il d'autres ?

Vous dites que nous voulons opposer les forces locales au pouvoir central et tenir l'élu sous notre coupe immédiate, vous avez parfaitement compris notre pensée. Dans la République nous ne reconnaissons d'autre pouvoir central que le suffrage universel, c'est lui qui doit devenir le pivot de tout. Il n'y a plus de roi ni d'empereur qui ait besoin d'une filière de rouages, centralisant dans sa main l'administration du pays. Il n'y a plus qu'une nation qui veut se gouverner elle-même, et pour cela elle veut que jusqu'au dernier électeur sache et soit tenu au courant des affaires de son pays. C'est le rôle de ses mandataires de remplir cette mission, et en acceptant le mandat il accepte aussi, tout naturellement, l'obligation d'en rendre compte. Comme électeurs, nous prétendons conserver notre part de droit de souveraineté. Nous ne déléguons qu'une mission et voulons que celui qui la remplit en doive compte à ceux qui la lui ont donnée.

Pour nous, un mandataire représentant plusieurs milliers d'électeurs et qui remet à quelques membres d'un comité une démission en blanc qui permet à ces hommes de le révoquer, ne fait qu'un acte de coterie et annule sa liberté, et par conséquent sa dignité.

Tandis que le mandataire qui rend compte de sa mission à tous ses mandants légalement réunis, commet un acte d'indépendance en se retirant devant un désaccord réel avec ses électeurs.

Nous ne sommes pas les seuls de cet avis. Voici ce que nous lisons à ce propos dans le compte rendu d'une réunion électorale tenue dans la salle des Peupliers, rue de Grenelle, le 29 ou 30 mai 1869 :

« Le citoyen Lacord reprend ensuite une question soulevée bien des fois, celle du mandat impératif.

« M. Jules Ferry, en réponse au citoyen Lacord, fait l'historique du mandat impératif. Pour lui ce mandat n'a et ne peut avoir rien que d'honorable pour le candidat. Le mandataire doit rester en communication directe et constante avec ses mandants, et à cet effet M. Ferry compte bien se servir des réunions privées et assister, quand il le pourra, aux réunions publiques non politiques. »

Vous voyez donc que nous n'inventons pas ; nous ne voulons que profiter des leçons et des exemples déjà anciens, et acquérir ce que l'expérience a depuis longtemps admis comme des nécessités.

Comme nous le disions déjà un peu plus haut, c'est

la commune qui est la base de notre groupement, et il y a déjà plus de vingt mille groupes qui existent en France. Ce que nous demandons se réduit à remplacer, dans les grands centres, le sectionnement laissé à l'arbitraire de l'autorité par un fractionnement légal, qui, en nous donnant l'avantage moral de nous connaître, nous donnerait aussi plus d'égalité dans la représentation.

Les communes rurales sont en général plus favorisées sous le rapport de la représentation que les grandes villes.

Il nous reste à faire connaître un dernier article écrit de bonne encre dans le *National* du 6 novembre 1882. C'est M. Raoul Frary qui tient la férule, et elle a été d'autant mieux sentie que le distributeur nous était plus sympathique. Mais en notre qualité de républicains enragés, il nous permettra de nous regimber un peu.

Voici ce qu'il écrit :

« Quelques citoyens du onzième arrondissement viennent d'adresser aux pouvoirs publics une pétition qui trahit un singulier état d'esprit. Ils ont remarqué que dans certaines élections municipales le nombre des votants était fort restreint, et ils ont cherché un remède à cette regrettable indifférence. Ils demandent que le suffrage universel soit organisé. On partagerait les élections en petits comités de trois à cinq cents personnes. Chaque comité dresserait sa liste électorale, posséderait un bureau, se réunirait le plus souvent possible et nommerait un délégué. La réunion des délégués entendrait au moins tous les mois chacun des élus, députés, conseillers généraux ou municipaux.

« Les inventeurs de ce système sont à coup sûr de braves gens. Il faut une respectable dose de naïveté pour soumettre aux Chambres un aussi vaste plan d'organisation du suffrage universel dans un temps où les Chambres plient sous le faix d'une besogne sérieuse. Il appartient à des âmes simples et sans malice de compter sur la fréquence des réunions politiques pour réveiller le zèle des abstentionnistes et l'attention des indifférents. Enfin on ne peut s'empêcher d'admirer la bonté de cœur des citoyens qui comptent sur des réunions de délégués pour assurer aux électeurs l'entière liberté de leur choix, comme si les délégués n'avaient pas pour mission spéciale de supprimer tout net cette liberté.

« Tout ce que demandent les pétitionnaires existe déjà. Il y a des réunions, des comités, des comptes rendus. Rien n'empêche les simples citoyens d'étudier les affaires de l'État, ni les zélateurs politiques de quêter et d'obtenir des délégations, ni les députés de s'entretenir avec leurs commettants. Chacun prend à ces débats la part qu'il veut. La nouveauté consisterait à instituer par une loi solennelle des délibérations fréquentes et apparemment obligatoires. Mais si les électeurs sont contraints d'assister aux réunions, comme les enfants de suivre les cours de l'école, il est fort à craindre que beaucoup ne regimbent contre cet excès d'instruction politique. Ne serait-il pas plus simple d'établir le vote obligatoire, puisque les abstentions trop nombreuses sont précisément le mal auquel les pétitionnaires prétendent remédier?

« Ils se plaignent aussi de ne pas assez connaître leurs députés. Nous ne savons si cette plainte est bien justifiée. Le succès des candidatures exotiques semble prouver au contraire que les Français ont plutôt goût pour les inconnus. En province du moins, les hommes d'État qui arrivent par le train express ont plus de prestige que les enfants de la localité. Ce n'est sans doute pas parce qu'ils connaissaient M. Floquet que les électeurs de Perpignan lui ont accordé leurs suffrages.

Il y a aussi quelque naïveté à croire qu'on pénètre mieux le caractère des hommes d'État en les obligeant à pérorer tous les mois devant un auditoire de délégués. Autant vaudrait soutenir que le cœur d'un comédien n'a pas de replis cachés pour les spectateurs qui l'ont vu deux ou trois fois sur les planches.

« C'est trop insister sur une pétition qui ne risque guère d'être prise au sérieux. Mais elle nous a paru intéressante, parce qu'elle montre quelle idée bizarre on se fait, dans certains milieux, des conditions de la vie politique et quelles illusions on nourrit sur l'utilité de ces réunions publiques où les prestidigitateurs de la parole mettent tant de poudre aux yeux des simples, des ignorants et des crédules.

« RAOUL FRARY. »

Les qualificatifs dont il nous honore n'ont rien qui puisse nous déplaire. Être simple est une vertu, et être sans malice, c'est manquer d'un défaut. La naïveté a son charme et ne nuit guère qu'à celui qui la possède, et par le fait de celui à qui cette candeur manque. Quand avec cela on vous reconnaît pour de braves gens, on ne doit pas avoir trop honte à se présenter devant la société.

Quand nous avons remis notre pétition à la Chambre des députés, elle allait faire sa rentree d'une petite villégiature qui durait depuis quatre mois tout entiers. Donc notre naïveté avait une certaine excuse et n'était pas positivement de la bêtise.

Nous ne sommes pas des partisans de réunions publiques, où, avec une grande solennité, on vient parler pour ne rien dire, où quelques braillards s'érigent de leur propre autorité en juges de tout le monde, parlent de choses qu'ils connaissent à peine, font des questions qu'ils ne comprennent pas eux-mêmes ou dénaturent la vérité.

Nous désirons, tout en réservant la liberté de toutes les réunions, que les électeurs aient un moyen de se rapprocher entre eux et avec leurs élus, où ils puissent, sans emphase et simplement entre gens qui s'estiment et se connaissent mutuellement, se communiquer et se concerter sur une question cependant bien capitale : sur la conservation entière de leur liberté, de leur égalité et de leur sécurité.

Certainement que l'école est encore à faire sur ces pratiques. Mais la faute en est à ceux qui, après nous les avoir enseignées, les mettent aujourd'hui de côté.

Les délégués actuels suppriment la liberté de l'élec-teur, dites-vous, et nous trouvons à notre tour drôle que cela vous étonne. De qui relèvent-ils donc ? qui a sanctionné leur mandat ? Mais ce sont eux-mêmes qui se sont nommés, et vous en voyez le type complet dans le citoyen Arnoux, de Marseille. (*Lire le procès de l'affaire dite des Omnibus de Marseille. Mai 1884.*)

Quand nous les choisirons nous-mêmes et parmi nos voisins, il y a quelques chances que nous ne prenions pas de pareils doctrinaires.

Oui, tout ce que nous demandons, nous avons le droit de le faire, et par conséquent nos législateurs ont le devoir de l'organiser.

Si les électeurs expriment la volonté de vivre en république, ce qui veut dire se gouverner eux-mêmes, ils ne doivent pas laisser ce soin à d'autres, ou on serait en droit de leur dire qu'ils ne savent pas ce qu'ils veulent.

Quitter un maître qui coûtait cher et frappait souvent durement pour en prendre quelques centaines d'autres, peut ne pas paraître une action bien raisonnable.

Financièrement, elle commence à nous prouver que l'unité était encore plus économe.

Moralement, elle nous engage souvent dans les mêmes problèmes que le régime précédent et suit les mêmes errements. Deux guerres ont eu lieu dans ces dernières années ; le succès les a couronnées.

Mais qui les a ordonnées ?

Est-ce le pays, sont-ce ses mandataires, ou est-ce l'autorité.

Nous regrettons de trouver une grande ressemblance

entre ce que reprochait au Corps législatif de l'Empire un homme cependant bien modéré et les actes de la Chambre des députés actuelle.

Voici ce que disait M. Dufaure aux électeurs du Var. le 6 septembre 1868.

« Je n'ai jamais compris les mérites du pouvoir absolu; je n'ai jamais été ébloui de ses fausses grandeurs, ni étonné des échecs prodigieux qui les ont si rapidement fait disparaître.

« J'ai gémi de ces échecs pour mon pays, j'ai craint pour l'avenir et j'ai cru, comme tous les bons citoyens, qu'il était temps d'user du pouvoir que la Constitution nous donne pour rendre au Corps législatif l'autorité qui doit appartenir aux représentants de la nation, c'est-à-dire à la nation elle-même.

« Je lutterai donc pour qu'aucune mesure capable de compromettre les intérêts de la France ne soit prise sans avoir été délibérée et acceptée par les interprètes légitimes de l'opinion publique, et je suis décidé à repousser la facile doctrine du fait accompli, qui couvre après coup toutes les fautes et les fait suivre de fautes nouvelles.

« La France entière le sent, c'est en ce moment le but qu'elle doit s'efforcer d'atteindre comme condition essentielle de toute liberté. » Et il terminait ainsi :

« Je demande loyalement les voix de ceux qui

pensent comme moi sur la situation de notre cher pays. Pour ceux qui s'obstinent à le regarder comme un mineur auquel on ne peut confier les soins de ses intérêts, je n'ai rien à leur dire. S'ils triomphent, je pourrai m'y résigner comme candidat, mais j'en serai humilié comme Français. »

Qu'en pensez-vous, électeurs ?

Reportez-vous à la date de cette lettre, pensez qu'elle est écrite après Sébastopol, Solférino et Mexico, et avant Sedan.

Notre époque a déjà vu Tunis et Son-Tay : espérons ne pas voir la suite.

Et vous croyez, monsieur Frary, qu'il n'y aurait pas grand avantage à bien connaître son député qui est chargé par nous non seulement de veiller au bon emploi des finances du pays, mais encore à ce que l'on ne prodigue pas inutilement la vie de nos enfants ?

Et ne croyez-vous pas que les électeurs de Perpignan n'ont pas donné une bonne leçon à leur élu en le nommant par 6,000 voix sur 18,000 inscrits, lui qui arrivait là avec tout le prestige d'un homme occupant une haute situation dans l'autorité et ayant déjà fait personnellement quelque bruit dans le monde !

Ce que nous désirons de notre député, ce n'est ni des grimaces, ni des discours, mais simplement son attention pour nos observations et nos besoins, et de sa part, ses avis et conseils.

Nous sommes parfaitement d'accord avec vous sur les réunions publiques comme elles se pratiquent actuellement et n'avons donc pas les illusions que vous nous prêtez.

———

Peut-être que d'autre journaux ont parlé de notre pétition ; mais comme nos relations politiques sont restreintes, et que nous n'avions donné aucune adresse dans notre communication, il ne nous en est pas parvenu d'autres à notre connaissance. Il ne nous reste donc plus qu'à parler de la réponse que nous a faite la commission des pétitions de la Chambre des députés.

Cette réponse a été insérée au *Journal officiel* du 22 juillet 1883.

Après avoir donné le motif de la pétition, la commission conclut ainsi :

« La commission doit avant tout rendre justice aux excellentes intentions et aux idées généreuses des pétitionnaires.

« La formation de petits comités de quartier où tout le monde se connaîtrait pourrait amener au jour des élections les meilleurs résultats. Mais il est à remarquer que la loi ne s'oppose nullement à l'heure qu'il est à la formation de comités semblables, qui peuvent, dès à présent, se constituer en toute liberté et s'organiser comme le désirent les pétitionnaires. Faut-il aller plus loin et imposer par un texte législatif à toutes les communes, à tous les électeurs de France l'organisation qui précède ? Nous ne le pensons pas.

« En matière d'élections, la mission du pouvoir central est de maintenir l'ordre et d'assurer la liberté de toutes les manifestations électorales pacifiques. On ne saurait aller plus loin, sous peine de se rendre suspect. C'est aux différents partis politiques à réglementer comme ils l'entendent leur mode de propagande et leur organisation intérieure.

« C'est sous le bénéfice des observations ci-dessus que la commission propose de passer à l'ordre du jour. »

L'approbation de la commission nous est précieuse et nous sommes heureux d'être confirmés dans notre opinion que rien ne s'oppose à la liberté d'action des électeurs. Mais la liberté, comme toute chose humaine, a besoin de l'exemple donné par les hommes que les électeurs ont distingués parmi eux, et ils les ont précisément nommés pour donner à leur organisation les liens qui leur manquent et qui sont appelés à donner plus de force à leurs efforts communs. Aussi ils ne comprendront jamais que ces hommes s'en désintéressent et leur répondent : « Arrangez-vous vous-même ! »

Le pouvoir central, c'est la nation, et c'est vous qui la représentez. Cette nation vit d'ordre et de liberté et veut elle-même faire respecter les organes essentiels à son existence. Elle ne veut plus d'hommes diplômés pour cela.

Jamais elle ne vous croira suspects quand vous ferez ce que vous pourrez pour lui assurer cet ordre et cette liberté.

Ce n'est pas comme politiciens d'un ordre d'idées quelconque que nous vous avons soumis notre pétition, c'est comme électeurs voulant fraternellement leur liberté et leur égalité, et à nos concitoyens nous disons :

« Rejetez ces vieilles idées d'inégalité, considérez-vous tous corporellement comme des hommes créés à la même image ; et personnellement, faites honnêtement et suivant vos goûts et vos aptitudes votre posi-

tion sociale, dans la limite que lui assignent pour tous
la liberté, l'égalité et la fraternité. »

Nous les engageons à puiser dans notre pétition ce
qu'ils y trouveront à leur idée et à faire la même dé-
marche que nous ; à se préparer en s'organisant eux-
mêmes, en attendant une organisation légale, pour
les prochaines élections législatives, et à demander à
leur candidat de pousser de toutes ses forces et avec
leur appui constant au gouvernement direct et à la
liquidation de l'ancienne administration monarchique
toujours prête à retourner à ses anciennes amours.

———————

Notre idée consiste à forcer tous les électeurs à s'occuper d'une façon sérieuse des affaires publiques, en
donnant des attributions tellement importantes à leur
droit public pour qu'il touche constamment à leurs intérêts privés, pour lesquels l'abstention deviendrait
nuisible.

Nous demandons que ces groupes soient appelés à construire, pour commencer, leur liste électorale, et à en avoir la garde. Une fois cette attribution en bonne fonction, viendra l'attribution telle que les bureaux de bienfaisance, la justice de paix, la construction des rôles des impôts directs, la police communale, et enfin, par des conseils élus, au fur et à mesure que l'éducation politique se perfectionnerait, toutes attributions d'arrondissement et de département confiées aujourd'hui à des hommes peu au fait des aspirations des populations, et entièrement accordées à la faveur.

Nous ne demandons pas que cela se fasse demain, mais que cela se commence aujourd'hui.

S'il faut dix, vingt ou cinquante ans pour parfaire l'établissement de la République, il sera d'autant plus raisonnable de se mettre à l'œuvre de suite.

Pour les élus, nous demandons à ce qu'ils restent toujours nos mandataires et ne se croient jamais nos souverains. Qu'ils usent de la confiance que nous avons mise en eux, pour nous instruire et nous guider dans l'accomplissement de nos devoirs sociaux, et basent toutes leurs actions sur la volonté nationale.

Tout cela nous paraît simple et facilement pratique et ne trouve guère d'obstacles que dans notre indifférence et notre apathie. Cela ne cause d'autre révolution sociale que de retirer les affaires du pays des mains des faiseurs pour les mettre dans la main de tous.

Chaque fois qu'aujourd'hui les hommes du pouvoir changent, les abus restent, quand ils n'augmentent pas.

N'avons-nous pas eu en ces derniers temps la réforme judiciaire? Qu'a-t-elle réformé? Est-il plus facile et moins dispendieux d'obtenir justice quand on a raison? Non! Il y a simplement des hommes de changés, et ils suivent les mêmes errements que leurs devanciers.

Pendant des siècles on nous a gouvernés et tenus en tutelle. Si nous demandons à vivre librement et à faire nos affaires nous-mêmes, il ne suffit pas de changer notre enseigne ou nos hommes d'État, il faut changer nos mœurs et nos institutions.

Ceux que la nature ou la fortune ont favorisés de leurs dons ne doivent pas s'en prévaloir pour dominer leurs concitoyens moins heureux, s'ils veulent leur sécurité; et les travailleurs ne doivent rencontrer ni obstacles ni entraves d'aucune sorte pour gagner honnêtement leur vie et celle de leur famille.

Au lieu de prendre les impôts dont l'État a besoin, d'une façon détournée et la plupart du temps arbitrairement, chacun devrait les payer directement suivant son gain ou sa position de fortune, en proportion de la sécurité qu'il demande à l'État.

Pour la défense de la patrie, personne ne doit marchander son concours, ceux dont la vie matérielle est assurée moins que tous autres.

Dans les affaires publiques, nous ne devons rien laisser au bon vouloir. Le concours de tous y est indispensable pour y faire régner l'honnêteté.

Nous croyons que c'est là ce que l'on appelle se gouverner soi-même et qui se nomme la République. Si réellement vous renoncez à vous faire gouverner par les autres, et si c'est cette forme de gouvernement que vous voulez, il ne suffit pas de le dire, il faut montrer aussi que vous savez le vouloir.

Et ce n'est qu'alors, en montrant aux autres peuples que nous savons vraiment vivre libres, que nous leur enseignerons comment il faut s'y prendre pour cela, que nous trouverons chez eux amitié, alliance et commerce, mieux que par tous les diplomates, canons, cuirassés et autres engins, et à bien meilleur marché.

Toutes les personnes qui approuveront notre initiative, et voudraient nous aider à la répandre dans leurs relations, trouveront au siège du groupe des Pétitionnaires, 150, rue Saint-Maur, à Paris, la présente brochure par 25 exemplaires, pour le prix de 5 francs. — Pour la même somme en mandat-poste, nous l'adresserons, franco de port, dans toute la France.

Tous les dimanches, de 9 heures à midi, les Pétitionnaires se tiendront à la disposition des Électeurs qui voudraient se mettre en communication avec eux, à l'adresse ci-dessus. — Adresser également à cette adresse toute correspondance.

PARIS — IMP. DE LA SOC. ANON. DE PUBL. PÉRIOD. — P. MOUILLOT.

www.ingramcontent.com/pod-product-compliance
Lightning Source LLC
Chambersburg PA
CBHW071502030726
47593CB00003B/1114